AF581357

HENRI GOURDON

INSPECTEUR CONSEIL DE L'INSTRUCTION PUBLIQUE
DE L'INDO-CHINE

L'ENSEIGNEMENT DES INDIGÈNES EN INDO-CHINE

Extrait de « l'Asie Française »

PARIS
SOCIÉTÉ GÉNÉRALE D'IMPRIMERIE ET D'ÉDITION LEVÉ
17, Rue Cassette, 17

1910

L'ENSEIGNEMENT DES INDIGÈNES

EN INDO-CHINE [1]

Mesdames et Messieurs,

Je voudrais vous retracer en quelques mots le développement de l'enseignement des indigènes en Indo-Chine, et vous indiquer quelle est la position actuelle de cette question si délicate et si controversée. Le problème de l'éducation des indigènes a été discuté passionnément en France, car il semble bien qu'à l'heure actuelle il n'y ait pas de question coloniale plus grave ; il a été discuté longtemps, et il le sera encore, car c'est un des problèmes les plus complexes. En Indo-Chine, par exemple, nous nous trouvons non seulement en présence de races très différentes, mais encore, dans la même race, en face de groupements placés à des stades différents de la civilisation. Si bien qu'on peut dire qu'il y a autant de problèmes d'enseignement que de pays en Indo-Chine. Tandis que la Cochinchine, qui a bénéficié d'un demi-siècle d'influence française, nous apparaît comme une nation en voie de « s'occidentaliser », alors que le Tonkin, qui a subi pendant près de vingt-cinq ans cette même influence, s'engage peu à peu dans la même voie, l'Annam est à peine ébranlé. Voici donc dans le monde annamite trois pays où la question comporte des solutions différentes. Combien plus diverses encore sont celles qui conviendront aux pays non annamites !

Je vais essayer, pour chacun d'eux, de vous montrer

(1) Conférence faite le 18 mars 1910, au Comité de l'Asie Française, à Paris.

l'œuvre qui a été accomplie jusqu'ici, et tout ce qui reste à faire pour constituer dans notre grande colonie d'Extrême-Orient un système rationnel et cohérent d'instruction publique.

*
* *

Au Cambodge et au Laos, avant même l'arrivée des Français, l'instruction élémentaire était assez répandue. Le Cambodge et le Laos, orientés vers l'Inde, en ont reçu le bouddhisme, et le bouddhisme, là où il s'est implanté, a contribué à la diffusion de l'instruction. Le bonze se doit de propager la doctrine. Presque partout où il y a des bonzes, une pagode, il y a une école ; aussi les illettrés, surtout au Cambodge, sont assez rares. Ceux d'entre vous qui sont allés en Indo-Chine n'ont pas manqué d'être frappés par l'importance du bouddhisme cambodgien ou laotien. Tandis que les religions semblent se dissimuler en pays annamite, dès qu'on arrive à Pnom-penh, au contraire, sur ce quai qui offre une des visions les plus jolies du monde, on est étonné par le nombre et la beauté des pagodes et par ces taches claires que les toges des bonzes mettent dans la foule des indigènes. Il y a près de deux mille pagodes au Cambodge et le nombre des bonzes est formidable. Ces bonzes sont des instituteurs très respectés. Tout Cambodgien doit en principe, à une certaine période de sa jeunesse, passer par la pagode; il y habite, et l'enseignement peut s'y donner ainsi dans les conditions les plus favorables. Ce séjour peut durer plusieurs années et n'a d'autre limite que le désir du Cambodgien d'acquérir des mérites. Là on enseigne à lire et à écrire en caractères kmers, on apprend des passages des Satras, des livres sacrés ; dans quelques pagodes, à Pnom-penh surtout, on donne une instruction supérieure, on étudie le pali; il y a même une sorte d'Académie du palais, celle des Bantits, formée des meilleurs lettrés. On trouve au Laos le même enseignement, avec cette différence que, la population étant moins dense, les pagodes sont trop peu nombreuses et trop éloignées les unes des autres pour que les « retraites » y soient aussi fréquentes. L'éducation du peuple y est moins commune.

C'est en protecteurs que les Français sont intervenus au Cambodge, et en protecteurs efficaces, au moment où ce pays, pris entre les Cochinchinois et les Siamois, était menacé de disparaître en tant que nation. Aussi les relations entre Français et indigènes sont plus étroites et plus cordiales au Cambodge que partout ailleurs en Indo-Chine. Cela n'a pas peu favorisé l'introduction et le développement de l'enseignement occidental dans ce pays. Des écoles se sont créées de bonne heure, et on trouve encore dans le haut personnel indigène quelques mandarins et même des ministres qui ont été les élèves des premiers représentants du Protectorat, et qui ont appris d'eux à parler le français avec une pureté et une correction incroyables. Vous savez d'ailleurs que les Cambodgiens se persuadent volontiers qu'ils appartiennent à la race aryenne, qu'ils sont un peu nos cousins, et cette parenté, très éloignée peut-être, explique sans doute l'accueil qu'ils ont fait à notre culture.

Grâce aux efforts des administrateurs français au Cambodge, parmi lesquels MM. Aymonnier et de Lamothe méritent une particulière reconnaissance, — qu'ils me permettent de la leur exprimer aujourd'hui de vive voix, — de nombreux établissements se sont ouverts. Nous avons actuellement deux grandes écoles primaires, dirigées par des Européens, à Pnom-penh et Kompong-cham, dont l'une a 400 élèves, et une quinzaine d'écoles provinciales ou résidentielles. Les élèves — deux mille jeunes gens environ — s'y appliquent à l'étude de la langue cambodgienne, et à celle du français; ils y reçoivent aussi quelques notions de science usuelle, d'hygiène, de géographie. Au-dessus de ces écoles se place le collège de Pnom-penh, le collège Norodom, dont les élèves deviendront plus tard les collaborateurs de notre administration. Ce collège est parfaitement installé, avec un grand internat dans l'ancien palais de l'Obbarach, que le roi Sisowath offrit pour cet usage quand il monta sur le trône. L'enseignement y atteint à peu près le niveau de notre enseignement primaire supérieur.

Au Laos, notre enseignement est moins répandu. Nous n'avons guère que deux-cents élèves dans les écoles françaises. A Vien-tiane et à Luang-prabang, elles sont dirigées par des maîtres français. A Vien-tiane, l'école de garçons comprend une section supérieure, qui formera des instituteurs et des interprètes ; elle a également une section professionnelle qui a réussi au delà de tout espoir, dans ce pays où l'indigène a une répugnance marquée pour le travail manuel. Au début, le recrutement des élèves fut assez difficile ; actuellement, ils sont assez nombreux pour qu'on ait pu les employer à fabriquer toute la canalisation destinée aux eaux de la ville, puis à construire le nouveau groupe scolaire. A Vien-tiane et à Luang-prabang fonctionnent deux écoles de filles, où l'enseignement est tout aussi pratique ; on y enseigne la couture, le blanchissage, la cuisine, les soins à donner aux enfants ; aussi la population scolaire se compose-t-elle de plus de jeunes femmes que de fillettes.

En même temps qu'on créait ces écoles franco-cambodgiennes ou franco-laotiennes, on s'est efforcé, depuis 1906. de modifier, petit à petit, de faire évoluer les écoles indigènes établies avant les nôtres, et d'utiliser ces maîtres d'école que sont les bonzes, pour répandre dans les villages une instruction plus pratique. Ce fut l'œuvre des Comités locaux de l'enseignement indigène au Cambodge et au Laos. On est parvenu à obtenir que dans chaque pagode les bonzes enseigneraient, outre la lecture et l'écriture du cambodgien, les éléments du calcul, et donneraient des leçons de choses très simples. Pour les aider, on a rédigé en cambodgien de petits manuels que l'on répandra dans les pagodes et qu'ils n'auront qu'à expliquer et commenter. L'administration a trouvé, auprès du clergé bouddhique, et particulièrement des chefs des bonzes. le concours le plus bienveillant. J'eus moi-même l'occasion, dans une visite au pape des bonzes, à Pnom-penh, de recevoir les assurances d'une loyale collaboration de l'Eglise... cambodgienne et de l'Etat. Et je me souviens que l'interprète cambodgien qui m'assistait était un ancien et brillant élève du collège parisien, où j'ai eu l'honneur d'enseigner, si bien que les trois facteurs de la réforme projetée se trouvaient représentés dans cette réunion vraiment symbolique !

Au Laos, grâce à l'imprimerie qu'a installée à Vientiane M. le Résident supérieur Mahé, on procède à l'impression des manuels élémentaires. On a réuni près de la capitale une trentaine de bonzes qui se destinent spécialement à l'enseignement dans les pagodes et on les prépare au nouveau programme.

Telle est l'œuvre entreprise. Elle se poursuit lentement, comme il convient dans un pays où le temps n'a pas de prix; mais elle se fait avec le concours de la population; elle est très bien accueillie; elle est durable.

***

Lorsque les Français ont pris contact avec l'empire d'Annam, ils se sont trouvés en présence d'une organisation scolaire compliquée et très ancienne, organisation entièrement chinoise; il y a cinquante ans, nos officiers ont trouvé, à leur arrivée en Cochinchine, une population qui n'écrivait que le chinois. Il fut très diffiile de constituer le corps d'interprètes indispensable au début de toute action coloniale. On ne put disposer que de quelques catéchumènes de la Mission qui savaient le latin. Il fallut parer à ce besoin, et c'est ainsi que la première école fondée à Saïgon fut une école d'interprètes. J'ai souvent entendu reprocher à l'administration de n'avoir pas su concevoir et organiser un système d'enseignement dès notre installation dans la colonie et de s'être bornée à préparer des centaines d'interprètes. Il est aussi de mode de se moquer beaucoup des interprètes annamites et de leur reprocher les lacunes de leur instruction. On oublie trop aisément les conditions dans lesquelles se fonde une colonie, et qu'avant de penser à faire évoluer les populations indigènes, il faut installer, asseoir la domination du peuple colonisateur, la doter de ses organes et de ses moyens d'action. Ces interprètes, sortis de nos premières écoles en Cochinchine, ont été les auxiliaires indispensables de notre action coloniale, et il est bon de rappeler que c'est avec eux que nous avons constitué notre première administration dans tous les pays de l'Indo-Chine où nous avons établi notre protectorat; qu'ils ont été des auxiliaires non moins précieux pour nos commerçants et pour les grandes entreprises industrielles qui se sont fondées dans la colonie. Le gouvernement des amiraux, et particulièrement l'administration de l'amiral de La Grandière, dota la Cochinchine d'écoles franco-annamites, et l'organisation ainsi créée s'est maintenue jusqu'à nous. L'arrêté du 17 mars 1879, qui la sanctionne, est resté en vigueur, dans ses grandes lignes, jusqu'à l'année dernière.

Mais, dira-t-on, pourquoi créer une organisation nouvelle d'enseignement public, puisqu'il en existait déjà une? N'était-il pas plus simple de la respecter, tout en la modifiant, pour la faire servir à nos besoins et à nos desseins? On l'a essayé, et l'amiral Bonnard, entre autres, a tenté cette réorganisation du vieux système annamite; mais on s'est trouvé en face d'une hostilité qui a arrêté net ces tentatives. Ce ne sont pas les gouvernants français qui ont fermé les écoles traditionnelles, ce sont les maîtres d'école eux-mêmes qui ont fait grève, en quelque sorte, à la suite du rappel des mandarins annamites par le gouvernement de Hué; le mandarinat détruit, les concours littéraires, qui dépendaient de la cour, abolis, les études chinoises ont disparu d'elles-mêmes; les écoles supérieures se sont fermées; l'inspection et le contrôle qu'exerçait l'État annamite ont brusquement cessé; et il ne reste plus aujourd'hui que quelques villages où enseignent les derniers lettrés que désavoueraient d'ailleurs leurs confrères du Tonkin ou de l'Annam.

Quel était le programme de ce nouvel enseignement que nos besoins d'abord, que les circonstances ensuite nous ont obligés à créer et à développer? On ne pouvait plus enseigner les lettres chinoises, faute de professeurs compétents; on a alors donné toute la place laissée libre à une matière d'enseignement qui a été fort critiquée, qu'on discute encore, mais qui a pour elle un avantage, qui est d'exister et de s'être répandue partout en Cochinchine: c'est le *quôc-ngu*. Les Annamites dans leurs écoles étudiaient le chinois, mais non leur propre langue; l'enseignement ne portait que sur la littérature, l'histoire, la philosophie et la morale de la Chine; aucune place n'y était faite aux choses annamites. En apprenant le chinois, les Annamites n'avaient même pas d'ailleurs l'avantage d'acquérir l'usage d'une langue vivante, parce qu'ils apprenaient à prononcer les caractères chinois avec un son différent de celui qu'on leur donne en Chine. Enfin l'étude du chinois est fort longue, et peu de gens, en pays annamite, du moins dans les campagnes, peuvent rester assez longtemps dans les écoles pour devenir capables de lire un texte courant et d'écrire une lettre, même simple.

Vous concevez quelle eût été l'utilité d'un système d'écriture qui permît aux Annamites d'écrire leur propre langue qui s'apprît aussi vite que notre écriture latine, et qui permît en même temps aux Européens d'apprendre à lire et à écrire l'annamite, sans être obligés d'emmagasiner dans leur mémoire des milliers et des milliers de caractères. Eh bien ! c'est ce système que les missionnaires portugais — les missionnaires français, me fait observer M. Salles — ont créé au XVIIe siècle, en inventant cette notation latine de la langue annamite qu'on a appelée le *quôc-ngu*. Nos administrateurs ont vu là une méthode commode et pratique et ils se sont efforcés d'en répandre l'usage.

Le *quôc-ngu* a été introduit dans toutes les écoles créées par l'Administration. D'abord au chef-lieu de l'arrondissement : là, sous la direction d'un maître français, on enseignait la lecture et l'écriture en français et en annamite, puis les sciences usuelles et la géographie. A Saïgon et à Mytho on établit des collèges où se donnait un enseignement plus élevé. Enfin une école normale, à Giadinh, fut chargée de préparer les instituteurs indigènes pour les écoles d'arrondissement.

Pendant ce temps les villages conservaient leurs écoles traditionnelles, mais d'où peu à peu le *quôc-ngu* évinçait les caractères chinois : on y apprend à lire, à écrire et à compter en annamite. Enfin les administrateurs créaient dans les cantons des écoles avec le même programme élémentaire que l'école de village, accru d'un enseignement très rudimentaire du français.

Cette organisation s'est maintenue jusqu'en 1906, date où des réformes très sérieuses y ont été apportées. Les écoles de canton et de village, qui dépendaient exclusivement des administrateurs, sont placées maintenant sous la direction technique du service de l'enseignement. Désormais toutes les écoles forment un ensemble coordonné et hiérarchisé qui va de l'école *communale*, dont la création et l'entretien par la commune sont dorénavant obligatoires, au *collège* Chasseloup-Laubat, en passant par l'école *cantonale*, entretenue par la province, et l'école *provinciale* dont les frais sont supportés par le budget local. Le directeur français de l'école provinciale est *ex officio* l'inspecteur de toutes les écoles de la province ; il s'assure de l'observation des programmes qui ont été remaniés dans un sens nettement pratique et « local », et du bon service des maîtres ; ceux-ci seront dorénavant recrutés par concours, devront être pourvus de diplômes correspondant à leur enseignement, et ils bénéficieront de soldes dont le quantum et la progression sont fixés par des arrêtés du gouverneur de la colonie. Enfin l'accroissement des promotions de l'Ecole normale permettra de pourvoir d'ici peu toutes les écoles cantonales au moins de maîtres ayant reçu, comme ceux des écoles provinciales, une solide préparation pédagogique.

Les avantages de cette réforme sont multiples. Elle assure le développement régulier et constant de l'enseignement élémentaire, jusque-là subordonné au sentiment des chefs de province, ce qui ne laissait pas de créer des différences considérables de province à province quant au nombre des écoles et du niveau des études. Elle a permis un recrutement facile des maîtres, grâce au relèvement des traitements et aux garanties d'avancement qu'elle leur donne. Enfin et surtout elle coordonne des efforts jusque-là isolés et fait de l'instruction publique en Cochinchine un tout organique, dirigé selon des vues d'ensemble. Elle sera complétée bientôt par une réorganisation du collège Chasseloup-Laubat, dont la scolarité sera prolongée et l'enseignement mieux spécialisé, et une réforme du régime des bourses qui permettra de diriger un certain nombre de sujets d'élite vers nos lycées et nos écoles techniques de France.

Au Tonkin et en Annam la situation est beaucoup plus compliquée, et la question de l'enseignement a été bien plus longue à résoudre. Là, l'enseignement indigène qui était parfaitement organisé avant notre arrivée, existe encore à peu près intact à l'heure actuelle. L'enseignement primaire est absolument libre et laïque ; chaque village a son école, parfois plusieurs écoles. L'instituteur est quelquefois un mandarin retraité, qui charme ses loisirs en instruisant les enfants, ou bien un mandarin en deuil qui ne peut momentanément exercer aucune fonction officielle, ou bien un lettré qui n'a pu parvenir aux grades universitaires, et qui tient école, contre une rétribution très modique, dont le plus clair est constitué par les cadeaux des élèves ou parfois, comme au Tonkin, par le revenu d'une rizière mise à la disposition du maître d'école et que les habitants cultivent à tour de rôle. Le matériel scolaire est réduit à la plus extrême simplicité. Sur le sol battu, une natte pour les enfants, un lit de camp pour le maître ; les plus petits élèves ont une planchette recouverte de fine vase et un bambou taillé en pointe pour écrire ; le maître a un rotin qui fait office de férule. Les enfants apprennent à tracer les caractères et à en prononcer le son. Quand ils sont plus avancés, la planchette fait place au cahier de papier de riz, et ils calligraphient alors au pinceau, avec cette élégance particulière à la race, les beaux caractères chinois. Même, ils les chantent, à tue-tête, si bien qu'il n'est jamais nécessaire de demander dans un village annamite où se trouve l'école. Il paraît que le maître se reconnaît très bien dans tout ce vacarme, et que son long rotin vient toujours frapper juste l'enfant qui s'est trompé. Enfin on apprend aux élèves la signification des mots, et comme ces caractères sont tous empruntés à des sentences classiques, et qu'on en doit commenter le sens, c'est un véritable enseignement moral qu'on donne ainsi.

Il ne faudrait pas toutefois en exagérer l'importance. Les instituteurs d'Europe qui donnent à leurs élèves des maximes et des préceptes pour modèles d'écriture et qui en expliquent et en développent le sens, font, avec plus de méthode, ce que fait le maître annamite. Les petits Annamites impriment dans leur mémoire, par les yeux et leurs oreilles, d'excellentes recommandations morales. Ils ne se feront pas faute d'y manquer, devenus grands, tout comme leurs camarades européens, si l'éducation de la famille et celle du milieu où ils se développeront ne viennent reprendre et renforcer cette première éducation livresque. Pardonnez-moi d'insister là-dessus, mais on a tellement exagéré l'efficacité de ce premier enseignement, on a voulu lier si indissolublement les caractères chinois et l'éducation morale des Annamites qu'il est nécessaire de remettre un peu les choses au point. N'a-t-on pas été jusquà dire que la moralité des Cochinchinois a baissé depuis que les caractères chinois ne sont plus enseignés dans ce pays ? Comme si une sentence de Confucius ou de Mencius perdait toute efficacité morale dès qu'elle est traduite — mot pour mot, d'ailleurs — en annamite? La vérité est que l'éducation des nouvelles générations en Cochinchine a souffert du régime de transition entre les études chinoises qui disparaissaient et les études nouvelles qui cherchaient encore leur orientation et leurs méthodes La langue dans laquelle on instruit a bien moins d'importance que la matière même de l'enseignement, et quand l'enseignement moral sera fortement organisé dans nos nouvelles écoles élémentaires, ce qui ne peut tarder, il ne pourra que gagner en efficacité à être donné dans la langue du pays et non dans une langue étrangère.

Au delà de cet enseignement élémentaire qui dure deux à trois ans et qui a l'inconvénient de laisser à peu près illettré, avec cinq ou six cents caractères, l'enfant qui ne poursuivra pas ses études, l'Etat intervient; c'est lui qui organise et dirige les écoles du second et du troisième degré. Ce sont d'abord au chef-lieu des préfectures et des sous-préfectures, les écoles du *giao thu* et du *huan dao*, mandarins rétribués par l'Etat; puis, au chef-lieu de la province, l'école du *doc hoc*. Ce haut mandarin est en outre le censeur des écoles de la province. Qu'enseignait-on dans ces écoles? Qu'y enseigne-t-on encore aujourd'hui? Ce que nous appellerions en France « les auteurs du programme », mais d'un programme invariable depuis des siècles. Ce sont les quatre livres classiques : trois traités de Confucius, et un de Mencius; et les cinq livres canoniques, dont plusieurs paraissent surannés aux lettrés eux-mêmes. On les lit, on les explique, on les apprend par cœur; on s'exerce à en commenter les moindres passages en prose et en vers, dans des poèmes à forme fixe et des amplifications aux règles rigoureuses. Le tout en chinois, bien entendu, et l'on ne peut s'empêcher de songer, par comparaison, aux vers latins et aux discours latins de nos anciennes rhétoriques. La langue annamite est exclue de cet enseignement, non moins que la géographie et l'histoire de l'Annam, et tout ce qui est mathématiques ou sciences. Le fond, l'essentiel, c'est la philosophie et la morale chinoises; une morale très belle, très élevée, incomplète toutefois, parce qu'elle est surtout — et peut-être exclusivement — une morale sociale. Bien des lacunes qui nous étonnent dans l'éducation morale des Annamites et des Chinois ne viennent sans doute que de ce fait : la morale individuelle et les devoirs qui en découlent tiennent aussi peu de place dans leur enseignement moral que l'individu lui-même dans leur organisation sociale et politique.

L'Etat intervient encore pour contrôler les résultats de l'enseignement par les concours littéraires. Il y en a de semestriels qui permettent au censeur des études de contrôler l'état de l'instruction dans la province et qui valent aux lauréats des exemptions de corvées et d'impôts. Aussi l'âge des candidats est fort variable : on étudie toute sa vie au pays d'Annam et les vieillards coudoient les adolescents dans ces tournois académiques.

Les plus importants sont les concours triennaux. Tous les trois ans, dans des villes déterminées, s'ouvrent ces examens où l'on conquiert les grades littéraires. On y fait sept compositions en prose et en vers sur des phrases données comme sujets, et empruntées aux classiques, compositions qui assurent le triomphe des bonnes mémoires. Les candidats qui ont réussi dans ces épreuves sont reçus licenciés, s'ils sont parmi les premiers, ou bacheliers; et ce ne sont pas là des succès faciles. En 1903, par exemple, il s'est présenté à Nam-dinh 10.000 candidats qui avaient d'abord subi un examen éliminatoire. Tout le monde, en effet, ne peut se présenter : il faut en avoir été reconnu capable et n'offrir aucun motif de disqualification morale ou même politique. Sur ces 10.000 candidats ayant participé aux épreuves, 200 seulement ont été reçus, dont 50 licenciés et 150 bacheliers.

La difficulté de ces examens explique qu'il n'y a jamais eu de limite d'âge; toute sa vie, un lettré poursuivait le rêve d'être bachelier, et on peut admettre qu'il y a peu de temps encore, en Annam et au Tonkin, quelque 80.000 indigènes, de 14 à 70 ans, se préparaient à des examens. Et si vous réfléchissez qu'ils représentent l'élite intellectuelle du pays, les forces vives de leur nation, vous ne pourrez que juger sans indulgence ce système d'enseignement éminemment propre à faire des déclassés. Combien reste-t-il encore, en Annam et au Tonkin, de ces étudiants perpétuels, aux ongles longs, exemptés de la corvée et du service militaire, entretenus par leur famille ou leurs concitoyens, aigris par leurs échecs, méprisant les travaux qui font vivre, perdus pour leur pays, dangereux pour le nôtre !

Ceux-là même qui ont obtenu le grade de licencié ont encore une carrière à parcourir : celle qui conduit au doctorat, titre suprême que l'on conquiert dans des concours spéciaux, à la capitale même et sous les yeux de l'empereur.

Voilà l'organisation que nous avons trouvée au Tonkin et en Annam et que nous n'avons ni détruite, ni modifiée dès l'abord. L'Administration s'est bornée à créer des écoles franco-annamites à côté des écoles indigènes ; l'organisation de ce nouvel enseignement a été rapide, car on a pu bénéficier des expériences faites en Cochinchine et utiliser même, en premier lieu, des maîtres empruntés aux écoles cochinchinoises; mais elle a été moins étendue, précisément en raison de la persistance de l'enseignement indigène. De celui-ci relèvent les écoles de village. L'enseignement franco-annamite a des écoles dans chaque chef-lieu de province qui suivent à peu près le programme des écoles correspondantes de Cochinchine, avec cette différence toutefois que les caractères chinois y sont enseignés. Au-dessus de ces écoles, un grand collège, à Hanoï, et le collège Quoc-Hoc à Hué, reçoivent au concours les meilleurs élèves des écoles primaires. Celui de Hanoï, confortablement installé, avec un grand internat, compte plus de six cents élèves. L'enseignement dure cinq années. Dans les deux dernières années, il est spécialisé et les élèves sont classés dans des sections particulières selon qu'ils veulent devenir interprètes, commerçants, instituteurs, ou agents des services techniques. Tandis que les écoles où se donne l'enseignement franco-annamite reçoivent près de vingt mille élèves en Cochinchine, elles n'en ont guère que cinq mille au Tonkin et quinze cents en Annam. On voit que cet enseignement, dont la diffusion a paru dangereusement rapide à d'aucuns, n'atteint qu'une infime minorité des enfants d'âge scolaire.

Ce n'est qu'en 1906 que l'attention de l'Administration s'est portée sérieusement sur l'enseignement indigène traditionnel. Déjà, il est vrai, vingt ans auparavant, Paul Bert s'était rendu compte que nous n'arrivions pas dans un pays neuf, que nous ne devions pas faire table rase du passé et que, puisqu'il existait dans le pays un système national d'enseignement public, nous devions nous glisser dans cette organisation, la contrôler, la diriger et la faire servir à nos fins. Pour cela, il fallait d'abord gagner les lettrés à nos projets, et avant tout les rapprocher de nous en les persuadant de l'intérêt, du respect même que nous portions à la culture dont ils étaient les représentants. Il créa alors l'Académie tonkinoise. Elle avait pour but précisément de faire collaborer à l'étude de la civilisation annamite, et des perfectionnements qu'il était souhaitable d'y apporter, les Annamites et les Français. En même temps, Paul Bert se proposait de faire entrer l'enseignement du français et celui de l'annamite vulgaire dans l'enseignement indigène, et, peu à peu, d'y introduire les éléments des sciences. Il avait imaginé pour cela un moyen fort commode, qui était d'inscrire dans le programme des concours triennaux les matières qu'on voulait faire pénétrer dans les écoles indigènes. La mort le surprit avant qu'il ait pu réaliser cette idée ; et, sauf un arrêté pris par M. Doumer pour modifier le programme des concours et qui ne fut pas appliqué, l'enseignement indigène resta inchangé jusqu'à ce que M. Beau, à qui l'on doit la rénovation de l'enseignement des indigènes en Indo-Chine, reprît une partie des idées de Paul Bert.

Il créa alors le Conseil de perfectionnement de l'enseignement indigène, où furent appelés non seulement les représentants de l'administration française et les Français les plus compétents, mais les représentants des indigènes eux-mêmes. Ce fut d'ailleurs moins un conseil administratif qu'un congrès très libéral et très ouvert qui, sous la présidence du directeur de l'Ecole française d'Extrême-Orient d'abord, du directeur général de l'Instruction publique ensuite, étudia, discuta, coordonna les projets et les idées qui avaient déjà fait, en Indo-Chine comme en France, l'objet de longues discussions.

Une des choses qui frappèrent le plus les membres français du Conseil, ce fut l'ardeur réformatrice qu'apportaient aux discussions les lettrés et les hauts mandarins. Loin de vouloir maintenir intangible l'enseignement traditionnel, ce furent les représentants de la cour de Hué et les lettrés du Tonkin qui manifestèrent le désir le plus vif d'innovations occidentales, et un grand nombre de propositions présentées dans ce sens le furent par le ministre annamite de l'Instruction publique, le directeur des Annales lui-même.

Les travaux de ce conseil aboutirent, en ce qui concerne l'enseignement annamite, à une série d'actes dont le plus important fut l'ordonnance royale de 1906, qui institua la réforme de l'enseignement indigène au Tonkin et en Annam. Une réforme qui paraîtra modeste, en somme : on a décidé d'introduire dans les écoles mandarinales du 2e et du 3e degré, progressivement, la langue annamite, le français et les éléments des sciences ; on laisse subsister l'enseignement philosophique, moral et littéraire chinois, en en simplifiant toutefois la rhétorique désuète. Cette réforme, décidée en 1906, ne doit recevoir son plein effet qu'en 1912, mais on peut croire qu'on ne verra guère qu'en 1915, aux concours triennaux, tous les candidats faire obligatoirement une composition en français. On ne peut donc voir dans cette réforme aucune précipitation. Par contre, vous y reconnaîtrez un désir très sincère de respecter tout ce qui formait la base même de la mentalité et des croyances des Annamites, tandis qu'on les fait évoluer lentement vers des idées plus pratiques et plus modernes.

La réforme se poursuit actuellement en Annam-Tonkin Elle commence par l'école de village où l'on doit enseigner le quôc-ngu en même temps que les caractères. Cela n'ira pas sans difficultés, car il y a environ 30.000 instituteurs en Annam et au Tonkin, et ce n'est pas une petite besogne que de leur apprendre à eux-mêmes le nouveau programme, si humble qu'il soit, qu'ils auront à développer dans leur classe. On a suivi une méthode assez pratique. On invita chaque province du Tonkin à envoyer deux ou trois instituteurs à Hanoï, et là, dans les Cours normaux, on leur apprit la lecture et l'écriture en annamite et les éléments du calcul et des sciences naturelles. Ils sont alors allés fonder, aux chefs-lieux de canton, des écoles modèles dans lesquelles leurs collègues pourront venir s'initier aux nouvelles méthodes.

Dans les écoles du 2e et du 3e degré, la partie moderne du programme est enseignée par les instituteurs brevetés de l'école franco-annamite voisine, tandis que les mandarins continuent à enseigner la partie classique, en attendant que la section normale annexée à l'école des Hau-bô, à Hanoï, ait fourni un contingent suffisant de mandarins pouvant donner à la fois l'un et l'autre de ces enseignements. Enfin, des manuels scolaires modernes ont été rédigés sous le contrôle de l'administration et répandus dans les écoles.

Telle est la réforme en cours, et peut-être vous semblera-t-elle plus simple qu'on n'aurait pu le supposer, étant donnée la complexité du problème. C'est que, en matière pédagogique, la simplicité est seule logique. Dans tous les pays du monde, l'enseignement élémentaire comprend la lecture, l'écriture, le calcul, les éléments des sciences, de l'histoire et de la géographie. C'est le programme même qu'on a appliqué en Indo-Chine, avec toutes les adaptations et toutes les adjonctions que nécessitaient les conditions locales.

Plus complexes sont les répercussions sociales et même politiques que pourra entraîner la réforme. Croyez qu'elles ont été sérieusement envisagées. On lui a reproché, en particulier, de creuser un fossé entre les deux parties de l'élite annamite : d'une part, les hommes qui auront reçu notre éducation moderne, franco-annamite, les secrétaires, les employés, les commerçants, les industriels, les propriétaires agricoles, et, d'autre part, ceux qui auront suivi l'enseignement classique, qui composeront exclusivement le mandarinat et accéderont seuls aux honneurs. Ainsi présentée la question ne laisse pas d'inquiéter. Il y a déjà beaucoup de jeunes gens, en Indo-Chine, qui viennent nous dire : « Nous qui avons opté pour votre culture, qui collaborons à vos entreprises et à vos œuvres dans notre pays, nous n'avons qu'une place médiocre chez nous; nous n'arriverons jamais au mandarinat; et, avec toute la science occidentale que nous sommes allés acquérir dans vos écoles et même dans votre patrie, nous serons toujours les inférieurs sociaux du dernier des lettrés. »

Je ne crois pas que la réforme doive accentuer cette différence. Au contraire, lorsqu'elle aura porté ses fruits, dans un temps assez long, je le répète, nous aurons, en Annam-Tonkin, deux enseignements représentant deux tendances qui paraissent aujourd'hui encore contradictoires. Nous aurons mis l'indigène en état de choisir librement et sans regret, si nous donnons à l'un et à l'autre de ces enseignements des sanctions équivalentes. Il y aura là une situation assez semblable à ce que nous avons connu en France : un enseignement classique et un enseignement moderne; l'un, qui sera plus profondément imprégné des études traditionnelles; l'autre, qui sera plus résolument occidental. Les Annamites choisiront. Et cette solution est, à la fois, la plus libérale et la plus simple : nous ne pouvons espérer, entre les partisans de la tradition et ceux de l'évolution, un accord tel qu'un des deux systèmes s'effacerait devant l'autre, et nous ne pouvons prendre la responsabilité, pas plus de déraciner totalement le peuple annamite en tranchant tout ce qui l'attache à son passé et à son milieu, que de l'enfermer dans le cercle étroit de ses traditions et de ses institutions, au moment où il aspire à prendre place parmi les peuples modernes.

***

Il me resterait à vous parler maintenant d'un autre point fort important de la question, je veux dire de l'enseignement professionnel. Vous avez pu croire que nous l'avions oublié. Je suis de ceux qui croient que cet enseignement doit avoir une place très importante dans l'instruction des indigènes. Toutefois, il s'agit moins, à mon avis, de multiplier les serruriers, les charpentiers ou les forgerons qui risqueraient peut-être, dans un pays essentiellement agricole, de ne pas trouver tous l'emploi de leurs connaissances spéciales, que de donner à l'école primaire une orientation nettement pratique, que d'en faire un facteur important de la transformation économique du pays. Nous y parviendrons, en dotant les principales écoles primaires de jardins et d'ateliers scolaires, et surtout en préparant des maîtres qui aient le goût des travaux manuels et qui sachent en éveiller l'intelligence chez leurs élèves. Quant à l'apprentissage méthodique des métiers, il se poursuit déjà dans nos écoles spéciales Il y a cinq grandes écoles professionnelles, dans les capitales des cinq pays de l'Indo-Chine, où l'on enseigne surtout les métiers de mécaniciens, ajusteurs, charpentiers, tourneurs, etc., que réclament nos entreprises industrielles. Une école des mécaniciens asiatiques pourvoit aux besoins de la flotte. Un collège agricole est installé au Tonkin. En outre, dans les provinces, de nombreuses écoles, créées sur l'initiative des administrateurs, sont consacrées, surtout en Cochinchine, à l'apprentissage des métiers locaux et des arts indigènes : rotiniers, céramistes, sculpteurs, brodeurs, bijoutiers, écaillistes, etc. Et ce n'est là qu'un début.

Mesdames et Messieurs, je finis en m'excusant d'avoir abusé de votre attention. Et pourtant, je n'ai pas dit tout ce que je voulais dire, tant la matière est riche. Je ne vous ai pas parlé de cet enseignement des filles indigènes, qui date d'hier et qui compte déjà plus de mille élèves. Je ne vous ai pas entretenu de ce corps enseignant, français et indigène, si nombreux déjà et si plein d'ardeur, et dont j'aurais voulu dire les mérites, les services rendus chaque jour, dans des conditions souvent très dures, à la cause de la civilisation et du progrès. J'aurais voulu enfin remercier tous ceux qui ont été les artisans de cette œuvre et qui ont donné, administrateurs, professeurs, savants, mandarins, lettrés, l'exemple si réconfortant d'une collaboration étroite et ardente pour une cause noble entre toutes. Qu'il me soit permis, du moins, d'exprimer notre respectueuse reconnaissance à M. le Gouverneur général Klobukowski. Reprenant l'œuvre commencée depuis 1906, il a bien voulu, en lui donnant tout son appui, lui assurer cette continuité de vues, cette suite dans les efforts, indispensables à une action qui doit s'exercer sur des institutions et des traditions plusieurs fois séculaires.

PARIS. — IMPRIMERIE LEVÉ, RUE CASSETTE, 17.

www.ingramcontent.com/pod-product-compliance
Lightning Source LLC
LaVergne TN
LVHW050513160826
845677LV00003B/1103

9782329628967